RÉPONSE

D'UN PAYSAN

A

L'ARTICLE INSÉRÉ DANS LE JOURNAL L'*Électeur*

EN DATE DU 12 NOVEMBRE 1868

INTITULÉ

LE PAYSAN

PARIS

IMPRIMERIE DE VICTOR GOUPY

RUE GARANCIÈRE, 5

1869

RÉPONSE

D'UN PAYSAN

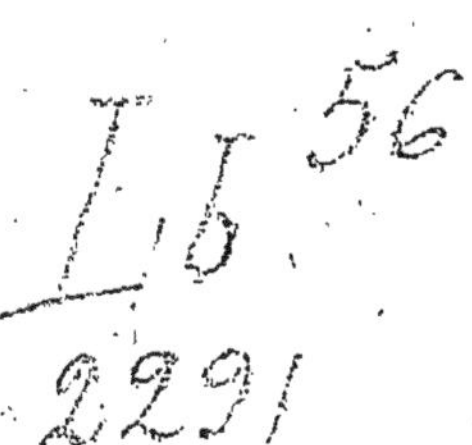

PARIS. — IMP. DE VICTOR GOUPY, RUE GARANCIÈRE, 5.

RÉPONSE

D'UN PAYSAN

A

L'ARTICLE INSÉRÉ DANS LE JOURNAL L'*Électeur*

EN DATE DU 12 NOVEMBRE 1868

INTITULÉ

LE PAYSAN

PARIS

IMPRIMERIE DE VICTOR GOUPY

RUE GARANCIÈRE, 5

1869

RÉPONSE

D'UN PAYSAN

Tout le jour il est à la peine, coupant son blé, taillant sa vigne, soignant ses bêtes.

Le matin avant le lever du soleil, sa blouse sur le bras, son outil sur l'épaule, il va aux champs mener la charrue.

Nous nous soignons entre nous. Il vaut mieux aller travailler la terre que de noircir le papier pour tâcher de nous brouiller les uns contre les autres.

Faucher le foin ou retourner la motte de terre durcie, selon le temps et la saison.

Nous fauchons le foin, il repousse du regain, nous retournons la motte de terre pour que le dessous soit purifié et vivifié par le soleil, ce qui fait que de chaque goutte qu'elle est arrosée par nos sueurs, il en advient un résultat avantageux; tandis que vous, messieurs les critiques, en brûlant sur les boulevards vos minces cigares, vous ne faites que des-cendres....

Il passe ainsi des heures, des journées sur ce sol qu'il travaille, qu'il aime et qui le nourrit lui et les siens.

Vous auriez dû ajouter et qui nous nourrit, car sans notre travail vous n'auriez pas à craindre d'indigestion; si nous savons travailler et produire, vous autres messieurs ne savez et ne cherchez qu'à démolir et détruire.

Dans la journée il s'arrête un instant, c'est pour manger le pain grossier dont il s'est muni le matin, et quelquefois, quand le village n'est pas trop loin, les aliments que lui a préparés sa femme, et que son enfant lui apporte aux champs,

Vous vous reposez toute la journée et vous trouvez étonnant notre repos d'un instant.

On a bien raison de dire qu'on n'est jamais sali que par la boue.

S'il est vrai que nos aliments soient grossiers, il

est vrai aussi que nous pouvons les manger sans crainte; ils sont le produit de nos labeurs.

Et vous dites : *assis sur le rebord du chemin creux, les jambes pendantes à côté du bœuf ou du cheval de labour qui repose avec lui, il promène machinalement son regard sur cette campagne dont il connaît tous les sillons.*

Nous aimons mieux être assis sur la terre dure, que de nous étendre sur des beaux fauteuils qui ne nous appartiennent pas en droite ligne.... et si nous connaissons tous les sillons, nous connaissons aussi toutes vos machinations et nous nous en méfions.

Si rarement nous échangeons quelques paroles avec le travailleur du champ voisin, «*résignées,*» dites-vous,» elles ne le sont que lorsqu'à l'horizon nous apercevons un nuage noir venir sur nous, surtout quand il vient du côté de vos grandes cités; l'expérience nous a prouvé que là certains désœuvrés trament continuellement la ruine de nos campagnes, non contents de saccager les villes; leur souffle infect voudrait nous atteindre; c'est alors qu'au lieu de nous résigner, nous devons nous méfier et être prêts à combattre. Oui, nous saluons le rare passant qui traverse la plaine, nous saluons tous ceux qui nous approchent; vous autres ne saluez personne, pas même ceux auxquels vous avez des obligations; heureux sont-ils si vous ne les injuriez pas.

Si nous demandons aux chasseurs si la matinée a été heureuse et si le carnier a été bien rempli, du moins ceux-là ne chassent que le gibier, tandis que vous autres ne faites que traquer le pauvre paysan avec lequel vous voudriez bien remplir vos charniers comme vos devanciers, vous vous en rappelez?....

C'est là toute la distraction de la journée, dites-vous : cela prouve que nous sommes sobres en toutes choses, qualité que vous n'avez pas. Nous avons pour habitude de tracer nos sillons droits, et toujours nous arrivons au bout de la rége sans encombre, sans trouver une pierre de celles que vous cherchez à jeter dans nos champs.

Lorsque notre repas est fini, nous recommençons de plus belles réges jusqu'au soir, « *courbés*, » dites-vous. Vous vous trompez, nous sommes toujours droits, nous ne nous courbons que pour embrasser nos vieux parents et toute la famille, fiers de nous voir rentrer parmi elle après une journée passée à subvenir à son existence; et si vous assistiez à nos veillées ou tout au moins si vous les connaissiez, vous qui prétendez connaître le paysan, pourquoi le défigurer à vos lecteurs? vous pourriez leur dire que, la soupe mangée, nous restons réunis autour du foyer domestique où le plus vieux nous conte les histoires du temps passé, du temps de la famine par exemple, occasionnée par vos sans-culottes (triste époque !!!), où après nous avoir tout pris nous étions obligés d'aller tous les matins chercher un kilo de pain noir, très-noir, pour nourrir cinq, six et souvent dix personnes de notre famille ; vous autres étiez dans le bonheur, vous mangiez nos meilleurs produits, buviez nos meilleurs vins qui ne vous coûtaient pas cher ; pourquoi ne nous avez-vous pas dit que, du temps de la terreur, nul ne pouvait compter sur sa liberté pour une heure seulement? et à cette date vos charniers étaient plus que pleins. Si vous vouliez recommencer vos carnages, vous seriez les premières victimes et paieriez cher le pendant de vos orgies....

Si le lendemain nous partons pleins de courage, pour recommencer nos travaux, variant suivant les circonstances, dites-vous, en face du même spectacle et enfermés dans le même horizon, il est certain qu'il est pur comme notre conscience... Sondez la vôtre !

Si les bruits, les rumeurs expirent autour de nous, surtout ceux qui viennent de vos côtés, que nous fassions semblant d'ignorer le mal, cela ne nous empêche pas de distinguer le bien qui nous arrive tout autant et en restant chez nous, et surtout éloignés de vous.

Savez-vous pourquoi nous saluons avec respect le garde-champêtre, le gendarme? Ce n'est pas qu'ils nous fassent peur. L'honnête homme n'a rien à craindre d'eux. Si non-seulement nous les saluons et que même nous les invitons, nous y trouvons notre intérêt: l'un garde nos propriétés, nos récoltes; et si un étranger vient rôder dans la commune et qu'un de ceux que vos conseils égarent se trouve à bout de ressources, veuille nous faire un mauvais coup, c'est le garde champêtre qui le surveille et a recours au gendarme pour nous en débarrasser; voilà pourquoi sont estimés et bien reçus ces fonctionnaires de l'ordre.

Vous dites que : *nous savons vaguement, que nous avons entendu dire qu'ailleurs on s'agite pour des idées, pour des choses que nous ne comprenons pas, et qu'on appelle cela de la politique;* la politique n'est pas de notre compétence ni de la vôtre, notre affaire à nous est de savoir faire un bon assolement. Comment pourrions-nous faire de la politique puisqu'il est reconnu par les plus grands esprits, par nos grands-pères comme par les plus grands sorciers de nos campagnes d'autre temps, que, pour être un grand politique, irréprochable, il faut posséder trois qualités, je veux dire trois vertus : la foi, l'espérance, et la charité : la foi de bien faire le bien en toutes choses ; l'espérance que ses connaissances et son expérience le conduiront au bien ; la charité de bonifier la condition, la position de ses semblables en faisant rejaillir sur eux l'honneur, l'intégrité dont il est rempli? L'honneur ne nous manque pas, vous le savez bien ; quoique cela, il nous est impossible de politiquer.

Quoique vous manquiez de ce que nous avons, vous vous croyez et vous voulez être quand même homme politique, ou du moins vous voulez nous le faire croire ; vous savez, dites-vous, tant de choses (*bonnes, non ; mauvaises, oh oui.*) Après avoir cherché dans vos poches, dites-nous si sans mélanges vous y trouverez tous ces petits brinborions sans lesquels vous ne pouvez vous dire homme politique.

Vous dites que : *si en dehors des accidents que la température fait subir à nos récoltes et des maladies que le paysan ne combat que par l'inertie, le repos et la résignation, rien ne nous inquiète et ne nous préoc-*

*cupe sérieusement, quand bien même on voudrait amé-
liorer notre sort, nous secouons la tête, nous sommes
des incrédules, etc., etc.*

Il aurait mieux valu nous donner le qualificatif
que vous pensiez ; pourquoi n'avez-vous pas osé ?
Quoi qu'il en soit, nous avons compris.

Vous avez grand tort quand vous dites que le
même arbre a abrité toute ma génération passée ;
ce qu'il y a de certain, c'est qu'il n'abriterait pas
celle à venir si on vous laissait faire ; depuis longtemps vous vous pendez aux branches, et qu'on
vous laisse libre encore quelque temps, ni branches
ni arbres ne seront debout.

Quant aux coteaux qui bordent nos contrées, vos
capacités ne vous permettent pas d'en entreprendre
le déblai, vous n'avez pas l'habitude de niveler les
terrains.

S'il est vrai que nos peupliers existent toujours,
que notre petite rivière ne se soit jamais déplacée...

Pour quel motif, vous qui ne nous connaissez pas,
et qui nous prisez si peu, vous voulez nous déplacer
et changer nos habitudes ? Croyez-moi : il vaut
mieux que vous fumiez encore vos... cinq centimes
et nous laisser tranquilles dans notre ignorance,

dans nos travaux, dans nos cultures, dans leurs produits.

Maintenant c'est au clocher de mon village que vous en voulez ; prenez-y garde, il est pointu, et j'espère bien qu'un jour ce vieux clocher nanti d'une vieille cloche sonnera pour moi comme elle a sonné pour tant d'autres depuis cent ans.

Je voudrais vous demander si vous avez la même conviction, si au lieu de reposer tranquillement tout à côté de la maisonnette où vous êtes né, vous, dont on ne sait d'où vous sortez, vous ne serez pas jeté dans ce trou qu'on appelle la fosse commune. Réfléchissez-y tant qu'il en est temps encore ; mais peu vous importe, n'est-ce pas ? là ou ailleurs, cela vous est égal, pourvu que vous meniez joyeuse vie en jetant du sable aux yeux du pauvre paysan.

Vous dites que le paysan n'a qu'une croix de bois sur sa tombe ; il a au moins la certitude que les siens la connaissent et viennent chaque dimanche la visiter ; en sera-t-il ainsi dans le trou commun ? ceux qui y sont enfouis ne peuvent pas dire, comme nous, nous mourons où nous sommes venus au monde. Vous voyez bien qu'il y a contradiction, quand vous nous dites que notre idée est que rien ne change ; tout change, sauf l'honnête homme ; pas un ne désire mourir où il est né. Si nous disons que les gens des villes rêvent à cause qu'ils n'ont rien à faire, avec notre gros bon sens, nous savons faire des exceptions et distinguer le bon grain d'avec le mauvais ; le bon travaille, le mauvais ne fait rien ; il n'a rien à perdre à ce qui existe, et pour faire fortune voudrait tout renverser, tout détruire. Pauvres gens ! ! ! Où vont-ils mourir, ceux-là ?

Il y a donc du changement assez pour nous le faire connaître, quoi que vous en disiez.

Vous nous parlez aussi du vieux temps, de la dîme, des droits seigneuriaux ; il faut, Dieu me pardonne, que nous vous paraissions bien bonshommes pour craindre et croire à de pareilles balivernes ; vous aussi vous êtes trop spirituels pour y croire et par trop bornés de vouloir nous infiltrer votre chanson.

Mais, dites-vous, *là s'arrête, pour le paysan, la notion du progrès ; nous l'entrevoyons confusément, mais nous ne concevons pas et nous nous méfions de ceux qui nous en parlent.* Sans compter que nous avons raison de nous méfier ; plus d'une fois on nous y a pris à ces belles paroles : chat échaudé a peur de l'eau froide.

L'autre veillée, mon petit garçon, qui va à l'école,

lisait qu'une fois, dans un bois, un fin renard flattait un corbeau ; vous savez sans nul doute pourquoi ?

Si, dans nos villages, le renard n'ose s'y aventurer, il nous fait passer, de temps en temps, de ces entrefilets auxquels nous nous gardons bien de mordre.

Il paraît que, d'après vos idées, il y a certaines contrées de nos campagnes qui ont pour habitants des gens encore plus arriérés que d'autres ; pourquoi ne pas nommer les uns et faire connaître les autres ? Nous connaîtrions les élus et les réprouvés ; je tiendrais beaucoup à connaître ma dénomination.

Je commence à m'apercevoir, par votre changement de langage, que vous allez nous flatter.

Auriez-vous besoin de notre concours, par hasard ?

L'agitation, le tumulte, la rumeur, la fumée de la locomotive, dites-vous, *vont changer nos habitudes et nous donner de l'esprit ;* nous en avons besoin, puisque vous dites que nous n'en avons pas, et, si tout est bouleversé, qui sait si nous nous reconnaîtrons dans nos familles ? A coup sûr, nous ne mourrons plus chez nous ; nous sommes si sauvages, que, grâce à la civilisation qu'on nous envoie, nous allons, comme vous, nous croire quelque chose et devenir batailleurs.

La civilisation, qu'on nous fait passer devant le nez à grande vitesse, quinze ou vingt lieues à l'heure, nous savions à l'avance qu'elle ne vient pas de votre part, de vos gros sous, puisque c'est nous qui les payons pour vous. C'est pour cette cause que vous pouvez rester où vous êtes ; nous n'avons que faire de votre société, nous préférons la nôtre. C'est tellement vrai, que nous nous éloignons de vous, même dans ces trains de tumulte, dont vous nous parlez, et si la vapeur nous montre le mouvement, elle nous confirme aussi l'avantage que nous avons sur vous : nous déjeunons quand bon nous semble et dînons de même ; nous finissons notre journée quand il nous plaît, nous nous couchons libres, entièrement libres.

Êtes-vous comme nous, vous autres ? Bien s'en faut. Pourquoi ? Parce qu'il y a dans vos grandes villes un tas de flâneurs et autres métiers qui forcent la police dans l'intérêt des gens paisibles de faire des règlements contre les mauvais, ce qui fait que l'innocent souffre pour le coupable.

Si depuis les chemins de fer un de nous a été à la ville acheter de l'esprit, il est revenu les poches vides ; croyez-vous que ce jeu de bilboquet soit engageant ?

Le paysan, dites-vous, est si simple, comment voulez-vous qu'il se méfie des gens si bien habillés et qui paraissent avoir tant d'esprit par la facilité de leur jargon, et qui écrivent si bien sur le papier qu'ils nous expédient ? Vous voyez bien qu'il nous est impossible de connaître quelle est la différence de l'honnête ou du malhonnête homme.

Nous avons beau nous déplacer, nous retourner, nous sommes toujours volés ; il vaut mieux rester comme nous sommes.

Vous êtes loin de la vérité lorsque vous dites que maintenant nous voilà détachés du sol ; nous y tenons beaucoup, nous n'avons pas à craindre la glèbe, nous ne connaissons pas cette plante, elle ne pousse pas dans nos champs. Nos villages sont et resteront notre pays comme la France est et restera notre patrie.

Vous persistez à dire qu'avant les chemins de fer, nous n'avions aucune idée ni aucune connaissance d'au delà nos collines. Avez-vous oublié que nos grands-pères ont fait beaucoup de chemin et qu'ils nous ont raconté leurs voyages ?

Le mien a eu sa moustache gelée, ça n'est pas

au coin du feu, je pense. Croyez aussi qu'il nous en ont raconté, des belles actions comme vous n'en avez pas fait, comme vous n'en ferez jamais; dites donc que nous sommes des ganaches, et nous vous prouverons le contraire en temps et lieu.

Maintenant vous dites que nous comprenons mieux par des prédications théoriques, et que peut-être, après avoir douté de tout progrès, nous ne courons d'autre risque que d'être un peu trop crédules à tout le charlatanisme.

Les charlatans, ceux surtout qui nous parlent comme vous, ne sont plus de saison dans nos campagnes; nous savons à quoi nous en tenir.

Quant au progrès, nous en avons assez, et quoique bonhomme, comme vous nous appelez, nous savons pour qui nous devons déposer nos bulletins d'électeurs; et au lieu de courber la tête comme vous le dites, nous avons le droit de la tenir haute.

Vous ajoutez : *Mais dans sa dignité nouvelle il se contentera souvent de l'exercice apparent de sa nouvelle puissance, n'en ayant pas d'idée bien arrêtée.*

Il faut convenir que vous ne nous flattez guère.

Si nous sommes moins préoccupés, dites-vous, de

ce qui sortira de l'urne que du bulletin que nous y mettons ; si nous votons avec plaisir, si nous ne sommes pas fâchés de voir triompher le parti que nous avons choisi, c'est que le parti paysan est le parti de l'ordre. Il y a de quoi rire quand vous dites que si nous votons ainsi, c'est moins pour ce que nous attendons que pour ne pas être du côté du parti battu.

En voilà une idée plus bornée que toutes celles qu'on nous impute, à laquelle nous répandons que si le paysan vote avec les plus nombreux, c'est qu'il a les mêmes instincts, les mêmes intérêts, les mêmes sentiments pour le maintien de l'ordre ; et que nous sommes bien convaincus que hors de là il n'y a pas de salut pour nous.

Notre nom ne reste jamais au fond de l'urne, il en sort toujours vainqueur ; s'il en était autrement, si vous étiez les plus forts, vous vous garderiez bien de venir prêcher dans le désert de nos campagnes.

Si nous ne faisons jamais de protestations politiques, c'est que nous savons à qui nous donnons notre confiance ; cela nous suffit, puisqu'il est vrai que nous n'avons pas à nous plaindre et que nous voulons garder ce que nous avons....

Oui, comme vous le dites, nous serons toujours du côté du plus fort ; d'abord c'est le moyen de ne pas être battus, et puis, c'est aussi que nous savons qu'il y a plus d'honnêtes gens en France que de perturbateurs, et, quoique cette tendance vous paraisse fâcheuse et que nous ne voulions pas croire à vos principes, que nous laissions certains habitants des villes s'agiter, cela ne nous empêche pas, tout en les laissant pérorer, de suivre notre chemin, en nous méfiant, puisque cela n'est pas de votre côté que nous viendra une plus grande aisance. La ruine de nos champs, oui, nous le savons.

Vous ajoutez que ceux qui veulent encore exploiter notre confiance, ne manquent pas de nous faire sans cesse le tableau de nos récents progrès, réels, palpables, que nous ne devons pas à ceux qui s'en font le mérite.

Vous avez l'air de jeter cette pierre dans le jardin d'autrui, tandis que vous n'ignorez pas qu'elle va de droit dans le vôtre ; nous vous répondons que, dans tous les cas, cela n'est pas aux 45 centimes que nous devons notre amélioration ; il est vrai, bien véritable qu'ils n'ont profité qu'à vous autres, messieurs les Républicains, et ce qui nous manque encore, ce n'est pas de vous que nous devons espérer l'obtenir ; avant tout, vous avez soin de garnir vos poches.

Nous ne sommes, ni ne voulons être souverains ; nous tenons à en avoir *un*, et, comme il nous arrive souvent de troquer notre cheval borgne pour un aveugle, nous gardons et voulons garder le souverain que nous avons, et puis c'est le seul moyen de ne pas être trompés au lieu de l'être toujours, et si, parmi nous, vous réussissez à égarer un paysan, soyez certain qu'il ne restera pas longtemps de votre côté.

Vous dites que nous sommes modestes, patients ; là vous dites la vérité : vous avez grandement raison, car si nous n'étions pas si modestes, si patients, il y a longtemps que vous auriez cessé de, tantôt, nous appeler des imbéciles et surtout quand vous pouvez vous passer de nous, de notre concours ; et quand vous en avez nécessité, vous nous adressez des flatteries qui ressemblent fort à celles du renard, quand il joue avec nos poules pour les attraper plus tard ; il y a trop longtemps que nous nous en sommes aperçus de vos flagonneries pour ne pas les connaître ; prenez garde de ne pas pousser notre modestie, notre patience à bout ; alors nous irions au but qui n'est pas du côté où vous voudriez conduire le pauvre, le modeste paysan.

Vous continuez ainsi :

La plus grande amélioration où le paysan a le droit de prétendre encore, c'est l'instruction.

C'est-à-dire que sauf cette dernière, nous les avons toutes ; il est donc inutile d'en chercher d'autres ; mais enfin, comme je veux vous confondre, je vais vous prouver que l'instruction ne manque pas à nos enfants : nous avons dans chaque commune un maître d'école où tous les enfants ont le droit d'aller, soit en payant, soit gratuitement pour les indigents. Que faut-il de plus ? Voudriez-vous donner à nos enfants une instruction comme celle que vous professez, la position ne serait plus tenable ; tout, oui tout serait démoli, nous arriverions au chaos, nous nous en garderions bien, d'autant qu'il n'y a rien à récolter, en suivant vos principes.

Est-ce vrai ? Voyons, soyez consciencieux, si cela vous est possible, et dites-nous si le paysan a raison ?

Vous dites que nous avons en naissant l'intelligence, la finesse (honorable bien entendu) ; alors vous avez grand tort de dire que nous sommes bornés, ainsi que vous osez l'affirmer au commencement de votre article.

Et lorsque vous dites que nous ne possédons aucune parcelle de ce trésor de connaissances et d'expériences ramassées par les siècles, privés des enseignements du passé, nous ne savons pas reconnaître les paroles de ceux qui défendent les abus d'aujourd'hui, le langage de ceux qui les défendaient autrefois ; vous vous trompez encore, nous les connaissons tellement que nous savons à quoi nous en tenir.

Nous savons aussi que les écrits, les discours sont choses enfarinées, souvent vendus ; au paysan il faut du pain au lieu de poussière dont nous ne faisons aucun cas.

Notre position jadis misérable est donc supportable maintenant, puisque vous l'avouez ; et pourquoi, au lieu de travailler à amoindrir les injustices que vous signalez, nous exposerions-nous à en supporter de plus pénibles ? Nous sommes loin de nous plaindre, si, comme vous le dites, le budget s'élève à 200 millions de dépenses par mois ; mais avec cet argent on nous bâtit des maisons communes, des écoles, des églises (qui ne risque pas de vous tomber dessus par exemple), on nous fait des grandes routes, des chemins vicinaux, des ponts qui facilitent et rapprochent nos communications et tant

d'autres améliorations que je ne nomme pas, vous les connaissez, tout en feignant de ne pas y croire.

Dans cet état de choses, il faut quoi ? De l'argent, parbleu !!! Voilà pourquoi le budget se trouve chargé ; donc le résultat est de nous faire voir autre chose que notre vieux clocher, que nos peupliers, que notre petite rivière, que nos coteaux, car cela nous facilite de porter nos regards dans les grands centres, d'y apercevoir tous ces intrigants qui nous prêchent misère.

Vous cherchez à nous dépouiller, nous le savons ; vous voudriez y toucher, aux 200 millions : vous n'êtes pas assez économes pour que nous vous les confiions. Où iraient-ils, mon Dieu !!! Avouez que, loin de doter les grands personnages desquels vous êtes jaloux, vous vous les accapareriez, n'est-ce pas ? Vous ne les aurez jamais à votre disposition, le paysan est fixé ; veuillez donc nous laisser tranquilles et libres de toutes nos actions.

Dites-nous donc où il n'y a pas eu dans vos républiques de grands chambellans, etc., etc., etc., avez-vous exécuté, quand vous étiez au pouvoir, ce que vous nous aviez promis ? Tout ignorants que nous sommes nous, allons vous prouver le contraire.

A ces époques, dans nos marmites, on pouvait sans craindre de résistance passer et repasser la cuillère à pot. Dans les vôtres étaient les meilleurs morceaux. Est-ce vrai?

Vous dites, ou pour mieux dire vous chantez en tous lieux à haute voix : Liberté, Égalité, Fraternité. Nous paysans, si, de vieille date, nous pratiquons, sans nous en faire un mérite, ces trois qualités, notre ignorance ne nous permet pas de les approfondir; quoique cela je vais vous détailler ma pensée.

1° Liberté. Quelle est la liberté que vous nous avez donnée quand vous étiez les maîtres? sur les millions de Français que nous sommes, combien y en a-t-il qui en aient joui. J'espère que le nombre était restreint. Pour vous, elle était complète; nous, paysans, nous étions vos esclaves. Est-ce vrai?...

2° Égalité. Quelle est celle qui a existé pendant votre règne? Je ne voudrais pas me répéter; mais enfin il est vrai que vous mangiez les meilleurs morceaux, vous buviez les meilleurs vins et nous mangions du pain noir et buvions de l'eau. Est-ce vrai?

Nous allions au marché, à la messe à pied (*il est*

rare qu'aujaurd'hui l'un de nous n'ait pas une carriole à son service), vous alliez au bois, au théâtre en carrosse bien montés et bien couverts, bien chauffés ; voilà l'égalité, dites-vous. J'espère que la différence est grande. Voyons maintenant la fraternité.

3° Fraternité. Elle a été belle. J'étais logé dans une baraque, vous mon frère vous étiez logé dans un palais. La faim m'a fait aller à votre porte demander à manger, vos valets galonnés non-seulement m'ont défendu d'entrer, mais ils m'ont chassé ; c'était la consigne que mon bon frère leur avait donnée. Et puis, autres infraternités qui m'ont été notifiées, que j'ai eues à supporter, que de les raconter je n'en finirais pas.

Vous voyez bien que toutes vos promesses sont mensongères, frère, frère. Avis au public ! ! !

Les droits de ville sont onéreux, c'est vrai ; nous espérons à une diminution, nous savons que cet argent sert à embellir, à assainir les grandes et les petites cités, au lieu d'être employé comme vous voudriez nous le faire croire.

Vous dites que :

Quand le soir nous rentrons au logis tout en regar-

dant nos meules de blé bien arrondies, notre seule crainte est qu'un misérable vaurien, comme il y en a tant, ne vienne y mettre le feu.

Chez nous les incendiaires sont rares ; ça n'est pas, je pense, pour en donner l'idée à vos vauriens des grandes villes que vous parlez ainsi ; dans tous les cas, nous les assurons d'avance contre l'incendie, et notre garde-champêtre est là pour un coup.

Si dans une famille de paysans, il y a un garçon obligé de subir le sort, vous vous êtes mis dans la tête qu'à la veille d'être soldat il pleure. Erreur. Il est comme ses devanciers orgueilleux d'aller servir la patrie à cause qu'il est glorieux d'être Français. Et mon Dieu, vous devez bien les entendre quand ils arrivent dans vos grandes villes ; ils chantent à plein gosier, cela n'est pas pleurer, je pense. Est-ce vrai ?

Quel est celui de nous qui ne connaît pas le maniement des armes ? Est-ce que tous les dimanches nous n'avons pas le fusil à la main ? sans compter qu'il est rare que nous rentrions bredouille, à preuve que nous savons tirer droit. Est-ce vrai ? A plus forte raison, nous saurons nous en servir contre les ennemis de nos champs, de notre patrie.

L'absence de l'un de nos enfants ne nous fera pas laisser nos champs en friche ; et lorsqu'il rentrera parmi nous, il fera comme a fait son grand-père, il racontera ses exploits, le champ de bataille où il a été décoré et comme aujourd'hui nos veillées passeront vite .

Un *pouvoir* comme celui qui est sorti de notre *libre volonté, oui, de notre libre volonté, comprenez-bien ce mot,* quoi que vous en disiez, n'a pas de caprice ; les hommes honnêtes que nous lui envoyons pour contrôler ses actes se conforment à nos désirs et, en hommes intègres, remplissent leur mandat au profit de tous.

Vous voyez bien, après tout, ce que je viens de vous dire, et que vous ne pouvez pas nier, que votre article est mal venu dans nos villages et que votre dernière phrase est tronquée ; que nous n'avons pas besoin d'apprendre vos leçons, que nous savons les apprécier à leur juste valeur, que mieux que vous, nous savons ce que nous avons à faire, ainsi soit, ainsi cela sera.

Vous tous qui vous dites républicains, qui avez tant envie de nous donner la liberté, l'égalité et la fraternité, seule chose dites-vous, qui se trouve et qui se pratique dans la république, pourrait-on vous prouver que c'est un songe que vous avez fait, puisqu'il est vrai que rien de tout cela n'existe nulle part? Cependant il est généralement établi que la meilleure des républiques existe dans une ruche d'abeilles; vous comme tous, vous en conviendrez avec moi.

Une ruche habitée par une famille, soit une république d'abeilles, quelles sont les mœurs, les lois qui la régissent? Y trouve-t-on la liberté, l'égalité et la fraternité comme vous le dites concernant celle que vous nous promettez? Nullement. 1° Une colonie d'abeilles se compose de trente à quarante mille sujets : le chef de l'État aux ordres, aux volontés duquel tous doivent une entière obéissance à peine de mort. Ce point de départ seul commence à vous prouver la non égalité. Les gardes qui n'ont d'autres besogne que de veiller à sa sûreté, à obéir à ses volontés quelles qu'elles soient : les valets qui sont les uns pour entretenir le palais de la reine dans une propreté parfaite : d'autres doivent pourvoir à sa nourriture et lui offrir un nectar choisi et mis de côté pour elle seule ; d'autres encore ont pour mission de bâtir une maison pour chaque habitant de la colonie, et tous faisant rempart au palais de la reine, ils doivent également construire des magasins afin de serrer les provisions pour l'hiver;

(le paysan fait de même, est-ce vrai?) et puis encore des petits logements destinés aux jeunes abeilles qui viendront après la ponte de la reine au printemps ; d'autres ne sortent jamais de la ruche, le travail est pour les uns de maintenir la propreté de la colonie, d'autres vont et viennent continuellement du palais de la reine à la porte d'entrée afin de s'assurer si les gardes font vigilance et que tout soit en ordre ; la moindre infraction est punie de mort ; où est donc votre égalité ? Il y a tant et tant d'inégalité dans ce gouvernement républicain que je n'en finirais pas si j'étais obligé de les énumérer toutes.

Quoiqu'il existe tant d'infractions dans ce gouvernement, il serait à désirer que vous, messieurs les Républicains, professiez les mêmes mœurs que les abeilles, alors seulement nous vous apprécierons, car au lieu de vouloir démolir, vous vous joindriez à ceux qui veulent construire, et par votre dévoûment pour le chef de l'État, sans atteindre celui des abeilles, que la perte de leur chef fait mourir, vous pourriez coopérer au bien-être de la société, à la floraison du commerce et de l'industrie ; alors nous ne serions pas égaux, mais au moins nous serions frères et nous travaillerions ensemble au bien-être de tous.

Les alvéoles, où si vous le préférez, les maisonnettes des gardes faisant les fonctions d'agents de police de la ruche, entourent le palais de la reine et une partie est spécialement chargée de la sûreté du chef de l'État ; d'autres ont pour mission la surveillance de toute la colonie ; d'autres encore montent régulièrement la garde à la porte d'entrée,

Chaque sujet a son occupation, son rang, sa besogne pour le bien de tous (il n'y a donc pas égalité).

Dites-nous si vous faites de même. Ah ! s'il en était ainsi vous et nous serions bien plus heureux, malheureusement vous n'aimez pas le travail ; vous voudriez bien nous commander, mais vous ne voudriez pas obéir à de telles conditions : tout devient impossible ; à chacun incombe sa tâche. Dans une république d'abeilles les factionnaires qui gardent l'entrée sont loin d'avoir l'autorité du chef ; cependant la concorde règne, parceque chacun fait son métier. Qu'une étrangère égarée de sa colonie ou voleuse par instinct se présente pour entrer dans une autre ruche, elle paye cher sa témérité. Instantanément elle est mise mort.

Qu'un ennemi dangereux, serait-ce un ours, se présente pour ruiner la république, toutes se réunissent ;

un combat à mort est livré et il est rare qu'il ne paye pas de sa vie sa témérité. Cela n'est pas prêcher la guerre civile ; est-ce vrai ?

Feriez-vous et croyez-vous au respect que tous les sujets ont pour le chef? Il est authentique qu'il y a des abeilles qui sont chargées de présenter à la reine au bout de leur trompe le plus fin miel réservé au chef de l'État : en feriez-vous autant ?

Ensuite viennent les ouvrières : il y en a de plusieurs sortes : les unes vont aux champs, ramasser la cire et le miel, quand elles rentrent chargées de leur butin, un chemin sans obstacle est réservé pour elles, et, aussitôt arrivées à destination, d'autres ouvrières s'empressent de les débarrasser, de les brosser ; cela fait, elles font comme nous, elles repartent pleines de courage et tant dure la journée, tant dure le travail.

Les matériaux apportés sont de suite travaillés par d'autres ouvrières, avec lesquels elles construisent les magasins destinés à recevoir le pollen pour plus tard être distillé, et une fois converti en miel pur, mis en serre. Les alvéoles réservées pour la ponte de la reine restent toujours inocupées jusque-là. Avant la ponte la reine quitte la colonie; son absence dure quelquefois deux et même trois jours ; pendant ce temps plus de mouvement dans la ruche ; silence et inaction complets ; c'est que plus de chef plus de gouvernement. Après avoir été fécondée elle rentre, les gardes donnent le signal, le bourdonnement recommence, le travail va reprendre, la joie est extrême, chaque abeille s'empresse d'offrir à la reine, le miel symbole de la douceur, de l'obéissance et du dévoûment au chef de la colonie. Si dans sa course un malheur lui arrive et qu'elle ne rentre pas, quelque jours après tout est mort. Est-ce ainsi que vous procédez, vous autres ? Oh ! certes, non.

Deux ou trois jours après cette rentrée, un signal est donné : la reine va quitter son palais pour aller pondre, toute la colonie se range sur deux rangs, lui fait un double rempart, elle se dirige sur les alvéoles destinées à la ponte, et en moins d'une heure elle a pondu un œuf dans chacune ; la ponte finie, elle rentre dans son palais où elle est mijotée, soignée à ne pas y croire. Les œufs déposés par la reine, influencés par la chaleur qui existe dans la ruche, il en advient un petit ver blanc ; aussitôt les nourrisseuses de s'empresser de les alimenter et de donner à l'un deux le nectar réservé au chef de la colonie. Cette nourriture choisie fait une nouvelle reine pour la nouvelle république qui se composera de trente à quarante mille sujets destinés à rester où ils sont nés. Les vieux cèdent la place aux jeunes. Avant, des éclaireurs partent et vont chercher un lieu propice à établir une nouvelle colonie; rentrés dans la ruche, ils rendent compte de leur mission; quelques jours après la république entière part.

Il arrive souvent que l'essaim ne s'éloigne guère du rucher à moins, toutefois, que les circonstances ne l'obligent à s'expatrier (Sentiments fraternels).

Si par une belle journée, au moment du coucher du soleil, vous voulez savoir si le lendemain il y aura un départ, rendez-vous dans le rucher et écoutez attentivement l'harmonie qui a lieu dans une de vos ruches : elle est toute différente de celles qui ne doivent pas partir; dans ce cas vous pouvez être certain que le lendemain de onze heures à midi la plus ancienne des deux familles partira pour fonder un nouveau gouvernement, après avoir laissé le leur à leurs enfants.

Le paysan fait de même : dites-nous donc si telles sont vos habitudes. N'en trouverait-on parmi vous qui n'aspirent qu'à spolier leur famille?

Je crois vous avoir prouvé suffisamment, vous qui avez les idées si larges et qui manquez de toutes les vertus pour les mettre à exécution, que vous n'êtes pas monarchiques, encore moins républicains ; vous êtes des hommes de désordre, des démolisseurs en toutes circonstances. Où vous ne trouverez pas de quoi gratter, vous chercherez le moyen d'avoir et d'occuper les meilleures places ; si on vous nommait chambellans, grands veneurs, n'est-ce pas que vous cesseriez vos prédications révolutionnaires et que vous resteriez bouche close ? Ai-je raison, dites ?

Non-seulement, tous vos principes sont faux, mais encore impraticables, et le temps est encore loin, bien éloigné, où vous serez comme nous sommes, nous paysans, où on pourra, à juste titre, vous appliquer, vous voir pratiquer la maxime du Christ, la vraie maxime de la république.

Aimez-vous les uns les autres, par l'abnégation de vos principes révolutionnaires ; par le dévoûment absolu poussé à l'extrême pour vos semblables, ainsi que nous l'avons vu pratiquer par une *auguste princesse* dans les salles des cholériques des hôpitaux de Paris, d'Amiens et autres lieux.

Citez-nous un pareil trait d'héroïsme dans la fraternité que vous professez ; alors seulement nous croirons à la liberté, à l'égalité, à la fraternité, qui ne seront plus un mensonge, mais une vérité praticable et pratiquée par tous. D'ici là, nous préférons nous contenter de ce que nous avons, crainte de tomber de Pilate à Caïphe. C'est vous dire que le paysan votera, en masse, pour le candidat de son *élu*, tout en faisant des vœux pour votre conversion.

Ainsi soit-il.

UN PAYSAN.

PARIS. — IMP. VICTOR GOUPY, RUE GARANCIÈRE, 5.

www.ingramcontent.com/pod-product-compliance
Ingram Content Group UK Ltd.
Pitfield, Milton Keynes, MK11 3LW, UK
UKHW021017120726
13693UKWH00005B/2045